DERIB + JOB

COULEURS : DOMINIQUE

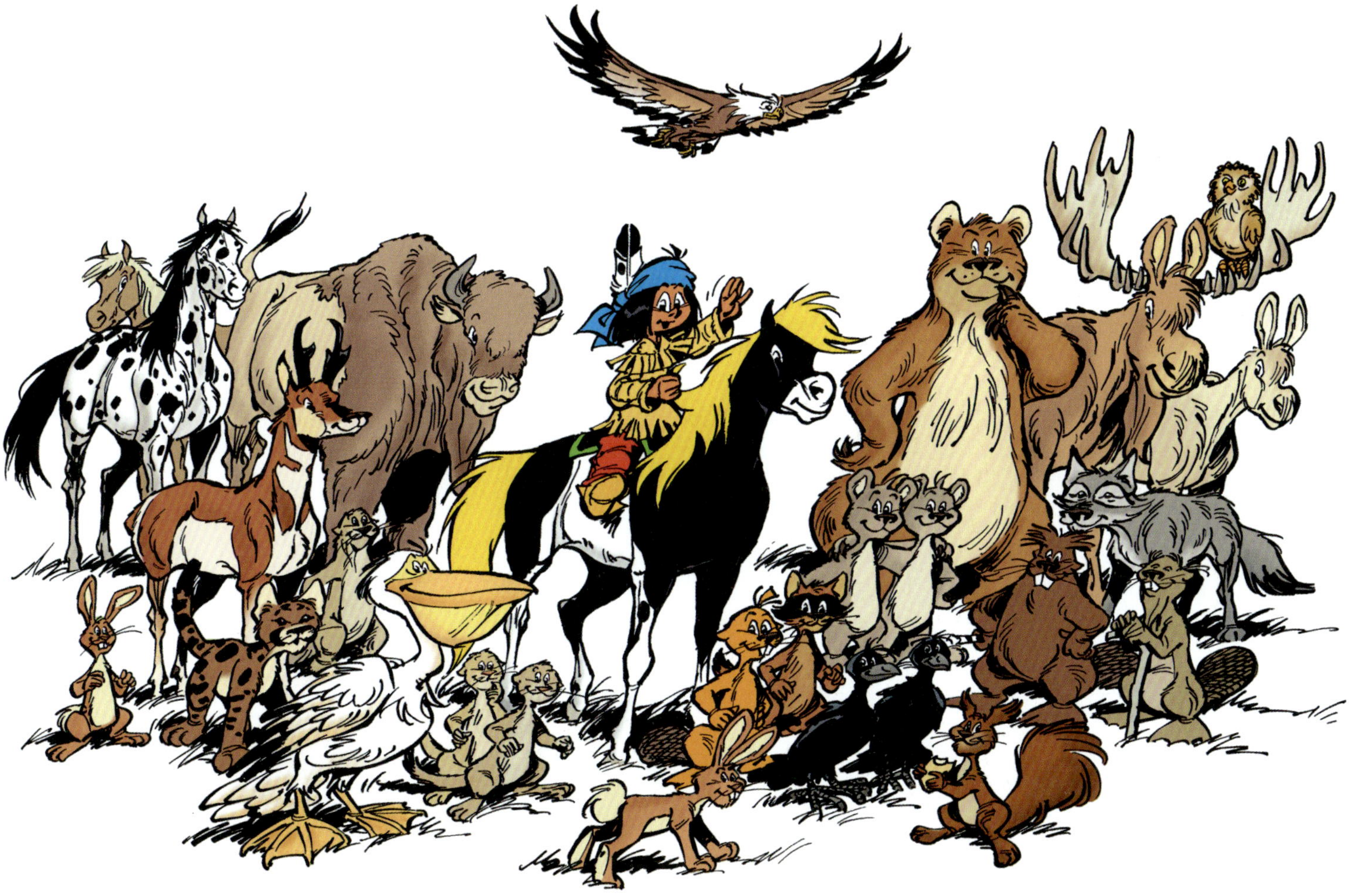

LE LOMBARD
BRUXELLES

TU AIMES LES ANIMAUX ?

ALORS, TESTE TES CONNAISSANCES EN T'AMUSANT...

1. Connecte-toi et inscris-toi sur le site www.yakari.fr*
2. Tu as créé ta page profil ? Très bien !
   Maintenant, rentre le code bonus suivant : YAQCM12
3. Ça y est, tu peux jouer avec Yakari.
   Amuse-toi bien !

* le site yakari.fr change et fait désormais partie du site **bandgee.com**, le portail de tes héros de BD préférés !

Première édition

D/2012/0086/433
ISBN 978-2-8036-3106-3

Dépôt légal : octobre 2012
Imprimé en Belgique par Proost

LES ÉDITIONS DU LOMBARD
7, AVENUE PAUL-HENRI SPAAK
1060 BRUXELLES - BELGIQUE

Pour être tenu informé de la date de parution du prochain album, profitez de notre service d'alerte. Rendez-vous sur www.lelombard.com/alertes.

W W W . L E L O M B A R D . C O M

PEFC-Certifié
Ce livre est issu de forêts gérées durablement, de sources recyclées et contrôlées.
www.pefc.org

YAKARI
LE MANGEUR D'ÉTOILES

DERIB + JOB

LE BEL ÉTÉ PERSISTAIT...

MERCI, GENTILLE RIVIÈRE, DE NOUS PORTER SUR TON DOS.

LE DOS D'UNE RIVIÈRE ? BELLE IMAGE !

TU PEUX ARRÊTER DE PAGAYER, YAKARI.
NOUS CONTINUERONS À PIED LE LONG DE CE RUISSEAU.

SUIS-MOI.

NOUS ARRIVONS.

OH!

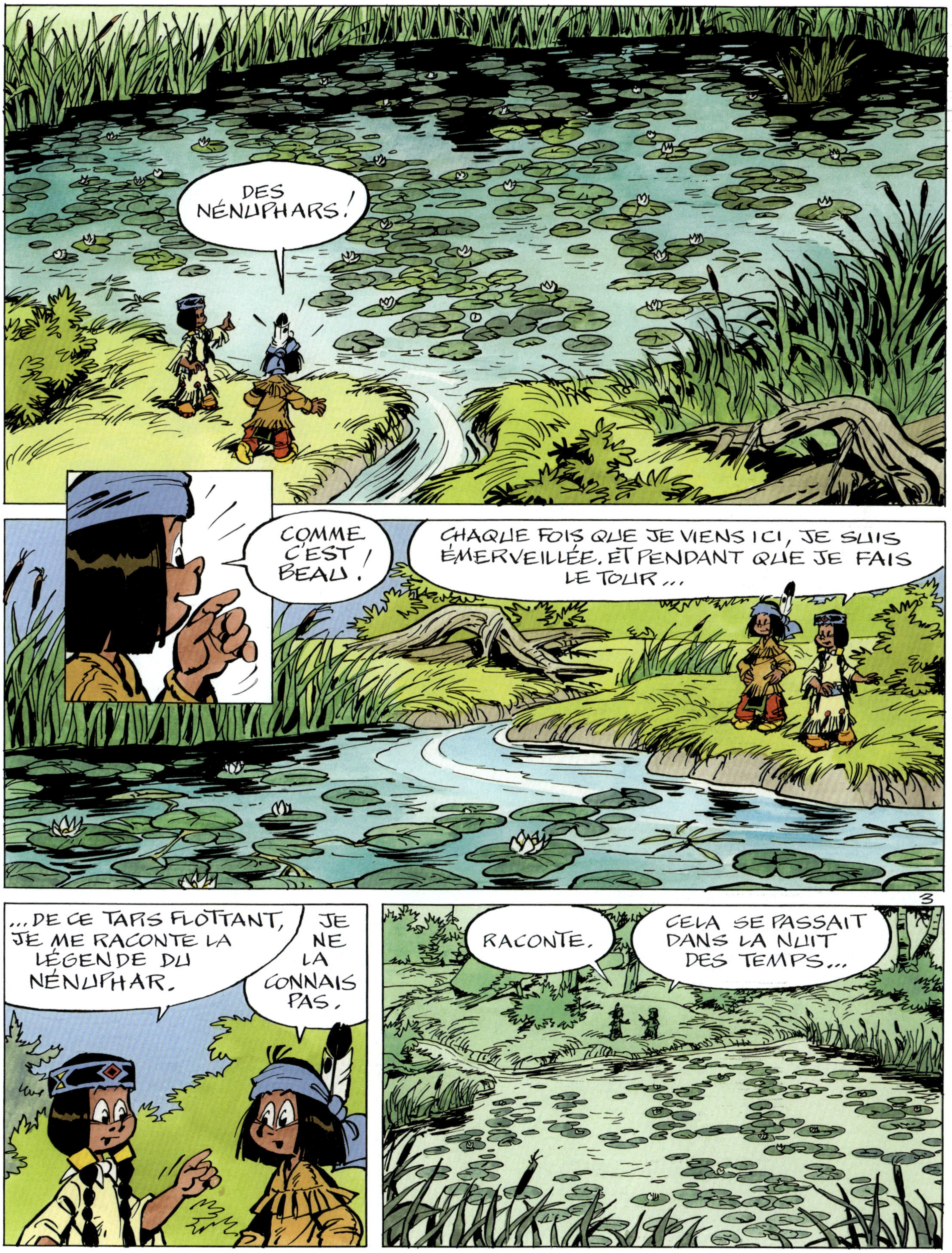

DES NÉNUPHARS !

COMME C'EST BEAU !

CHAQUE FOIS QUE JE VIENS ICI, JE SUIS ÉMERVEILLÉE. ET PENDANT QUE JE FAIS LE TOUR...

3

ASSIS DEVANT SON TIPI, UN JEUNE CHASSEUR CONTEMPLAIT LE CIEL ÉTINCELANT D'ÉTOILES. SOUDAIN, IL VIT L'UNE D'ELLES SE DÉTACHER DE LA VOÛTE CÉLESTE ET DESCENDRE EN CLIGNOTANT JUSQU'AU-DESSUS DU CAMPEMENT.

"POURQUOI AS-TU QUITTÉ TES SOEURS ?" LUI DIT-IL. "J'AI OBSERVÉ LE PEUPLE DES HOMMES ROUGES ET J'AI COMPRIS QU'IL VIVAIT HEUREUX DANS LA GRANDE PRAIRIE. ALORS J'AI DÉCIDÉ DE VENIR HABITER PARMI VOUS...

...VEUX-TU, JE TE PRIE, DEMANDER AUX SAGES DE TA TRIBU CE QUE JE DOIS FAIRE POUR ÊTRE DES VÔTRES ?", SUPPLIA L'ÉTOILE.

AU MATIN, LE CONSEIL DES ANCIENS S'ÉTAIT RÉUNI. "JE VOUS ÉCOUTE", DIT LE CHASSEUR. "TON ÉTOILE POURRAIT PRENDRE LA FORME D'UNE ROSE BLANCHE DE LA MONTAGNE", PROPOSA UN ANCIEN.
4

LA NUIT VENUE, LE JEUNE HOMME RAPPORTA LES PAROLES DES ANCIENS À L'ÉTOILE, QUI S'EN ALLA AUSSITÔT DANS LA MONTAGNE. MAIS ELLE NE TARDA PAS À S'ENNUYER CAR, DE LÀ-HAUT, ELLE NE POUVAIT ENTENDRE LES CONVERSATIONS ANIMÉES DES FEMMES ET DES HOMMES, NI LES CRIS JOYEUX DES ENFANTS JOUANT AUTOUR DES TIPIS.

5

ET IL Y AVAIT, TOUT PRÈS D'ELLE, UN BUISSON DE MYRTILLES DONT RAFFOLENT LES MARMOTTES. CRAIGNANT D'ÊTRE MANGÉE À SON TOUR...

...ELLE QUITTA LA MONTAGNE ET VINT SE NICHER AU COEUR D'UNE FLEUR DES PLAINES. GRANDE FUT SA FRAYEUR QUAND LE SOL SE MIT À TREMBLER AU PASSAGE DES BISONS POURSUIVIS PAR LES CHASSEURS MONTÉS SUR LEURS CHEVAUX.

DE PEUR D'ÊTRE ÉCRASÉE PAR LES SABOTS DES UNS ET DES AUTRES, ELLE S'ÉLEVA AU-DESSUS DE LA PRAIRIE. POUSSÉE PAR UNE DOUCE BRISE, ELLE SE DIRIGEA VERS UN ÉTANG.

LA NUIT TOMBÉE, ELLE SE POSA SUR LES EAUX TRANQUILLES OÙ SE REFLÉTAIENT DÉJÀ SES SOEURS DU CIEL.

AU LEVER DU JOUR, L'ÉTANG ÉTAIT COUVERT DE NÉNUPHARS BLANCS. QUAND ILS LES DÉCOUVRIRENT, LES ENFANTS ÉMERVEILLÉS CHANTÈRENT :

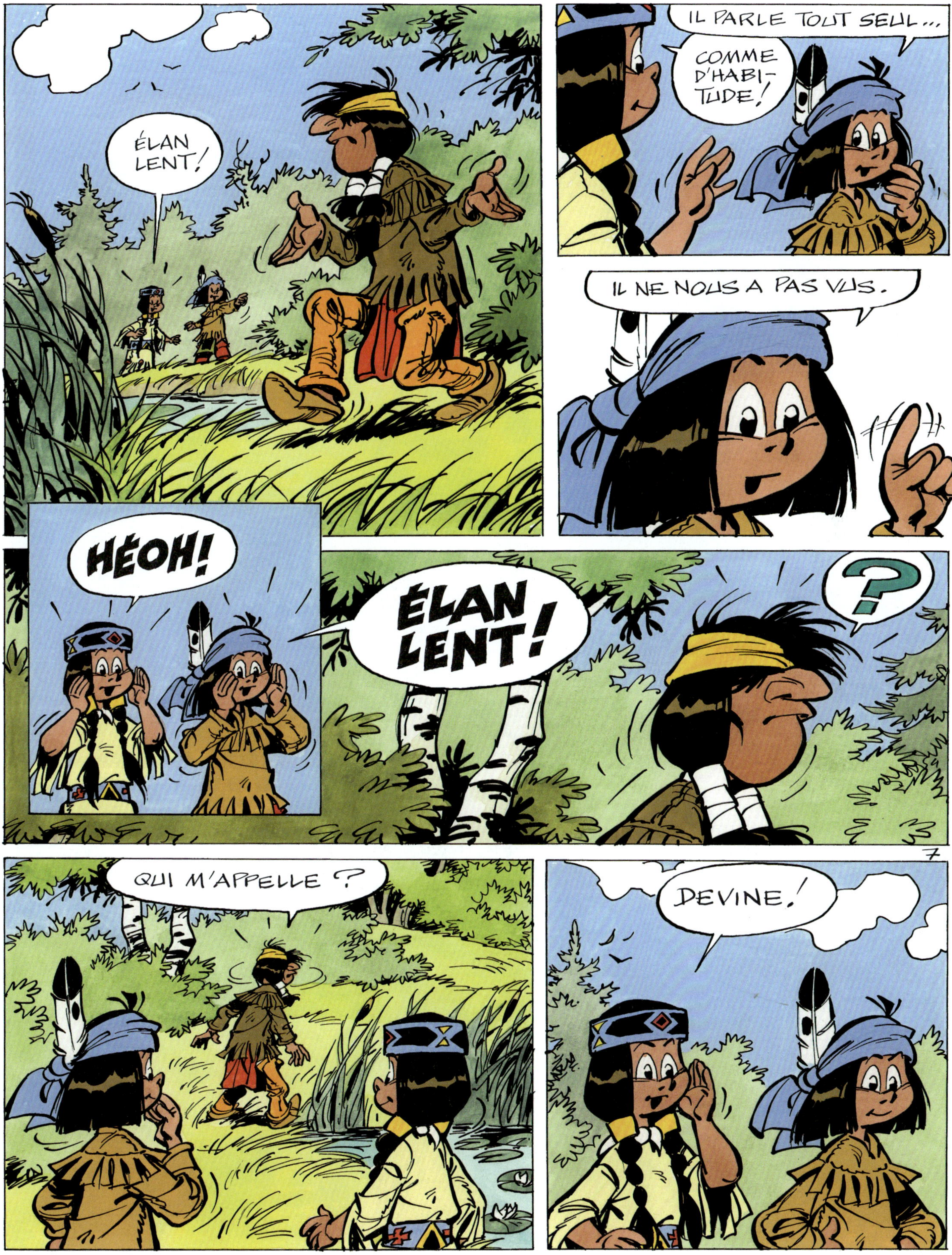

ÉLAN LENT!

IL PARLE TOUT SEUL...

COMME D'HABITUDE!

IL NE NOUS A PAS VUS.

HÉOH!

ÉLAN LENT!

?

7

8

* LIRE "LE VOL DES CORBEAUX" !

TU L'AS REVU ?
OUI. IL TOUR-NOYAIT DANS LES AIRS...

...EFFECTUAIT LES ACROBATIES LES PLUS FOLLES...

... AVANT DE DESCENDRE EN PIQUÉ, LÀ-BAS, DERRIÈRE LA FORÊT.

PUIS IL REMONTAIT À TIRE-D'AILE... ET CELA PLUSIEURS FOIS DE SUITE.
IL VOULAIT SÛREMENT ATTIRER TON ATTENTION...

PEUT-ÊTRE. MAIS SUR QUOI ?

9

TU N'ES PAS ALLÉ VOIR ?
VALAIT MIEUX PAS. J'AI DE BONNES RAISONS DE ME MÉFIER DE LUI.

JE SAIS...
ALORS, J'AI FAIT COMME SI JE NE L'AVAIS PAS VU...

REGARDEZ QUI ARRIVE !

MIC-MAC!

AÏE! VOILÀ QUE ÇA RECOMMENCE!

RAVI DE VOUS REVOIR!

ÉCOUTE-MOI, YAKARI!
JE NE T'ÉCOUTERAI QUE LORSQUE TU AURAS QUITTÉ TON PERCHOIR!

C'EST CE QUI S'APPELLE SE FAIRE CLOUER LE BEC!

10

...SI C'EST DE NOUVEAU POUR TOURMENTER ÉLAN LENT QUE TU ES VENU...
LOIN DE MOI CE NOIR DESSEIN!

BIEN AU CONTRAIRE. RONGÉ DE REMORDS POUR L'AVOIR TANT MALTRAITÉ ...
...QUAND JE LE FORÇAIS À S'ENVOLER, J'AI TOUT À COUP COMPRIS QUE JE DEVAIS ME FAIRE PARDONNER.
COMMENT ?
QU'EST-CE QU'ILS SE RACONTENT ?
YAKARI NOUS LE DIRA.
EN LUI RÉSERVANT UNE ÉNORME SURPRISE.
LAQUELLE ?
SI JE TE METS DANS LA CONFIDENCE, IL N'Y AURA PLUS DE SURPRISE !
TU AS RAISON.
ALORS QUE JE M'ÉPUISAIS À LUI SIGNALER OÙ CETTE SURPRISE L'ATTENDAIT...
...ÉLAN LENT A PRÉFÉRÉ PASSER DÉDAIGNEUSEMENT SON CHEMIN.
IL N'A PAS OUBLIÉ COMMENT TU T'ES CONDUIT AVEC LUI ...

YAKARI S'EMPRESSA DE RAPPORTER LA CONVERSATION QU'IL AVAIT EUE AVEC LE CORBEAU REPENTANT.

AUX PREMIERS RAYONS DU SOLEIL ...
YAKARI, NOUS DEVRIONS QUAND MÊME ALLER VOIR CE QU'IL SE PASSE, LÀ-BAS ...

EN CANOË, CE SERAIT TROP LONG.

SI TU DEMANDAIS À PETIT TONNERRE DE NOUS Y CONDUIRE ?

CHEMIN FAISANT ...
JE SUIS TERRIBLEMENT CURIEUX ...
TU N'ES PAS LE SEUL. MAIS LA SURPRISE EST POUR ÉLAN LENT !

13

ÉLAN LENT ÉTAIT DÉJÀ SUR PLACE.
REGARDE LÀ !

PAS LÀ, DROIT DEVANT TOI !

IL NE VOIT RIEN DU TOUT !

PAS ÉTONNANT, AVEC CETTE TIGNASSE !
TU PERMETS ?
?
ALORS ?
!
14
!?
UN ÉLAN ... BLANC ...
TU EN AS MIS DU TEMPS !
!

...TOUT BLANC !... AVEC DES YEUX ROUGES...

...TOUT ROUGES !

IL N'EN CROAÂ PAS SES YEUX !

C'EST EXTRAORDINAIRE ! YAKARI ! ARC-EN-CIEL !...

MA SURPRISE A PRIS PEUR !
...SI SEULEMENT VOUS ÉTIEZ LÀ !

LA VOIX D'ÉLAN LENT !

NOUS VOILÀ !

STUPÉFIANT !

PRODIGIEUX !
CALME-TOI, ÉLAN LENT !
FACILE À DIRE, APRÈS CE QUE JE VIENS DE VOIR !

16

QU'EST-CE QUE TU AS VU ?

UN ÉLAN... BLANC COMME NEIGE... AVEC DES YEUX DE FEU !

TU EN ES BIEN SÛR ?
BIEN SÛR !

VOUS DEVEZ ME CROIRE !

GRÂCE À MIC-MAC, JE SUIS LE PREMIER HOMME ROUGE ...

... À CONNAÎTRE L'EXISTENCE D'UN ÉLAN BLANC.

JE PEUX DONC DIRE À MIC-MAC QUE TU LUI AS TOUT PARDONNÉ.

TOUT !

17

MIC-MAC, EST-CE QUE NOUS POURRIONS NOUS AUSSI RENCONTRER CET ÉLAN ?

POURQUOI PAS, DU MOMENT OÙ ÉLAN LENT EST LE PREMIER DE VOTRE ESPÈCE À AVOIR DÉCOUVERT CETTE ÉTRANGE CRÉATURE !

MAIS..., OÙ EST-IL PASSÉ ?
TU PARS ?
JE VAIS TOUT RACONTER À OEIL-DE-BOUILLON.

DÉPÊCHE-TOI !
ATTENDEZ-MOI ICI, LE TEMPS DE RETROUVER VOTRE ÉLAN.

18

PLUS TARD, AU CAMPEMENT...
...PARFAITEMENT... TOUT BLANC... AVEC DES YEUX ROUGES...
?
UN ÉLAN BLANC ?
ET TU VIENS ME RÉVEILLER POUR ÇA, EN PLEIN JOUR !? RRRR...
TOUJOURS LE MÊME, CET OEIL-DE-BOUILLON !

HÉ ! ÉLAN LENT !
?

QUE ME VEUT ARC-TENDU ?

J'AI VAGUEMENT ENTENDU CE QUE TU AS DIT À OEIL-DE-BOUILLON.

IL ÉTAIT VRAIMENT BLANC, CET ÉLAN ?
ENTIÈRE-MENT... À PART LES YEUX...

QU'EST-CE QU'ILS ONT ?
ILS SONT ROUGES.

19

TU AS PEUT-ÊTRE RÊVÉ...
PAS DU TOUT ! JE L'AI VU COMME JE TE VOIS...

... À LA LISIÈRE DE LA FORÊT, LÀ-BAS.
J'EN SAIS ASSEZ...

JE L'AI REPÉRÉ !
OÙ ?

PRÈS DE L'ÉTANG AUX NÉNUPHARS.
AH !

VENEZ VOIR.
JE NE LE VOIS PAS.
MOI NON PLUS !
JE NE COMPRENDS PAS ...
20

ÇA BOUGE ... PAR LÀ ...

!?!

C'EST BIEN LUI !

IL EST VRAIMENT BLANC...
ÉLAN LENT DISAIT VRAI.

QU'EST-CE QU'ILS ME VEULENT, CEUX-LÀ ?

NE TE SAUVE PAS !

PENDANT CE TEMPS...
LA FORÊT DONT PARLAIT ÉLAN LENT !

SUIVONS-LE !

DANS LA NEIGE, SA BLANCHEUR DOIT LE RENDRE INVISIBLE AUX CHASSEURS...
MAIS NOUS SOMMES EN ÉTÉ !

JE LE VOIS !

IL S'EST RÉFUGIÉ DERRIÈRE UN FOURRÉ.
ALLONS-Y !

HO ! L'ÉLAN BLANC ! MONTRE-TOI !

NOUS VENONS EN AMIS.
VRAIMENT ?
TU PEUX LES CROÂÂÂRE.
DÉCIDÉMENT, TU NE ME LÂCHES PAS, TOI !

JAMAIS !
MIC-MAC A L'HONNEUR DE TE PRÉSENTER LE BOUT D'SIOUX QUI CONNAÎT LE LANGAGE DE TOUS LES ANIMAUX ...

... QU'ILS MARCHENT, RAMPENT, GRIMPENT, NAGENT ...
... OU VOLENT !

HEUREUX PAPOOSE !

ET QUI EST CETTE PETITE SQUAW ?
ARC-EN-CIEL, MA GRANDE AMIE.

POURQUOI T'ES-TU ENFUI DÈS QUE TU NOUS A VUS ?
LES ÉLANS SONT TOUJOURS SUR LEURS GARDES.
23

ILS SE MÉFIENT DU LOUP, DE L'OURS, DU GLOUTON ET SURTOUT DE CEUX DE TON ESPÈCE.

24

YAKARI RACONTA À ARC-EN-CIEL CE QUE L'ÉLAN BLANC LUI AVAIT DIT.

IL N'EST PAS PAR ICI...

...MAIS JE FINIRAI PAR LE TROUVER, LE MYSTÉRIEUX ÉLAN D'ÉLAN LENT !

* LIRE "REVOILÀ NANABOZO".

25

* L'AUTRE NOM DE L'ÉLAN.

UN CHASSEUR !
OÙ PEUT-IL ÊTRE ?

UN CHASSEUR, LÀ-BAS !

CRAMPONNEZ-VOUS !

26

CE CHASSEUR... C'EST SÛREMENT ARC-TENDU.
TU LE CONNAIS ?

27

* LIRE "YAKARI ET L'OURS FANTÔME".

CETTE NUIT-LÀ...

28

TOUS S'ÉTAIENT ABANDONNÉS AU SOMMEIL, SAUF YAKARI.

AUSSI CLAIREMENT ET SIMPLEMENT QUE POSSIBLE, GRAND AIGLE EXPLIQUA À SON PROTÉGÉ CE QU'EST L'ALBINISME*

* DU LATIN "ALBUS", BLANC. CETTE ANOMALIE CONGÉNITALE EST DUE À L'ABSENCE DE PIGMENT BRUN, UNE SUBSTANCE QUI DONNE LEUR COLORATION À LA PEAU, AUX POILS, AUX PLUMES, AUX ÉCAILLES ET AUX YEUX. QUAND UN ANIMAL OU UN ÊTRE HUMAIN MANQUENT TOTALEMENT DE PIGMENTATION, ILS NAISSENT BLANCS AVEC DES YEUX ROUGEÂTRES ; ILS SONT ALBINOS.

29

NOTRE AMI EST SI PARTICULIER, SI RARE, QUE NOUS DEVONS TOUT FAIRE POUR LE PROTÉGER.

SI NOUS RESTONS ICI, ARC-TENDU FINIRA PAR LE TROUVER.

MAIS OÙ ALLER ?

AU MÊME MOMENT ...
IL NE SORTIRA PAS VIVANT DE CES BOIS !

J'AI UNE IDÉE...
30

?
ALLONS TOUS CHEZ LES CASTORS.
?

POURQUOI ?
TU VERRAS.

APRÈS UNE LONGUE CHEVAUCHÉE...

GRÂCE À YAKARI, L'ALBINOS N'EUT PLUS DE SECRET POUR LES CASTORS.

31

ALORS...
QUEL EST DONC TON PLAN POUR CHASSER LOIN D'ICI CE FÉROCE CHASSEUR ?
J'AURAI BESOIN DE DOUBLE-DENT.
?!

ON PARLE DE MOI ?
APPROCHE.

FERAIS-TU APPEL À MON MODESTE TALENT ?
POUR AUTANT QUE TU LE VEUILLES...

IL EST À TON ENTIÈRE DISPOSITION.
JE N'EN ATTENDAIS PAS MOINS DE TOI, INCOMPARABLE SCULPTEUR.

JE T'ÉCOUTE.
VOILÀ...

À PEINE YAKARI AVAIT-IL DÉVOILÉ SON PROJET...
32
OÙ VAS-TU ?
AFFÛTER MES INCISIVES !

CELUI-CI ME CONVIENDRA PARFAITEMENT.

JE ME SURPASSERAI MOI-MÊME !

JE LE VOIS DÉJÀ ...

QUE FAIS-TU ?
C'EST DANS LE TRONC DE CE GÉANT QUE JE SCULPTERAI NOTRE SUPERBE CERVIDÉ.
KLAK
KLAK

ARRÊTE TOUT DE SUITE !
JE PEUX SAVOIR POURQUOI ?

33

RÉFLÉCHIS ! LE FRACAS QU'IL FERAIT EN TOMBANT ALERTERAIT ARC-TENDU, ET MON PLAN ÉCHOUERAIT.
DOUBLE-DENT S'EST LAISSÉ EMPORTER PAR SON GÉNIE CRÉATEUR ...

TU AS BIEN COMPRIS : TU NE DOIS SCULPTER QUE LA RAMURE...

PAS FACILE, AVEC TOUTES CES RAMIFI-CATIONS.

TU Y ARRIVERAS ?
ÉVIDEMMENT, TU ME CONNAIS !

MAIS IL ME FAUDRAIT LE MODÈLE.
JE COURS LE CHERCHER !
34

PAS TROP DURE, LA RAMURE ?
ON S'Y FAIT !

CES EMPREINTES ... CELLES DE MON ÉLAN ?

35

* LA RAMURE D'UN ÉLAN PEUT PESER JUSQU'À 30 KILOS, AVEC UNE ENVERGURE DE 2 MÈTRES.

APRÈS D'INNOMBRABLES ET RAPIDES COUPS DE DENTS ...
ALORS, QU'EST-CE QU'ON DIT ?
IMITATION PARFAITE !
DOUBLE-DENT N'A PAS SON PAREIL !
QUELLE PRÉCISION !
QUEL TALENT !
36
DES POILS... BLANCS ...
PLUS DE DOUTE, CETTE FOIS !

TRÈS FIDÈLE, LA COPIE... MAIS N'OUBLIONS PAS QU'ARC-TENDU RÔDE DANS LES ENVIRONS.

JE VAIS VOIR SI JE L'APERÇOIS.
PENDANT CE TEMPS, NOUS FILONS VERS L'ÉTANG.

JE SOUHAITE QUE TOUT SE PASSE COMME TU L'AS PRÉVU.

MOI, JE RESTE AU BARRAGE.

MILLE-GUEULES ET RUDE ÉCORCE, ALLEZ AVEC EUX.

37

EN CHEMIN...
TU Y AS PENSÉ, DOUBLE-DENT ? SI JAMAIS NOTRE ÉLAN PERDAIT SES BOIS AU COURS D'UN COMBAT...

...IL DISPOSERAIT, GRÂCE À TOI, D'UNE RAMURE DE RECHANGE.
ENCORE FAUDRAIT-IL QU'IL PUISSE LA FAIRE TENIR SUR SON FRONT ...

IL N'AURAIT QU'À LA COLLER.
AH ! OUI ... ET AVEC QUOI ?

EUH ... DE LA RÉSINE ...
TU CROIS VRAIMENT ?

TON FILS EST TRÈS IMAGINATIF, RUDE ÉCORCE.
C'EST LÀ SON MOINDRE DÉFAUT !

38

ARC-TENDU !

AW !

PAS QUESTION QU'IL ARRIVE À L'ÉTANG AVANT EUX !

MAUDIT CORBEAU !

SUIS-LE !

RATÉ !

IL M'A ÉCARTÉ DE MA PISTE !

IL M'A BIEN EU, L'EMPLUMÉ !

39

ALORS ?
NON SEULEMENT JE L'AI VU, MAIS J'AI RÉUSSI À LE RETARDER !
COMMENT T'Y ES-TU PRIS ?

JE L'AI QUELQUE PEU DÉPLUMÉ.
VIVE MIC-MAC !
TU NOUS AS FAIT GAGNER DU TEMPS.
JE ME SUIS DRÔLEMENT AMUSÉ !

À PEINE ARRIVÉS...
YOUPIII!

ELLE EST BONNE ! QU'EST-CE QUE VOUS ATTENDEZ ?

CHUT... ARC-TENDU POURRAIT NOUS ENTENDRE.

40

AIDEZ-MOI, LES CASTORS.

DÉPÊCHEZ-VOUS ! IL PEUT SURGIR D'UN MOMENT À L'AUTRE.

JE REPARS EN RECONNAISSANCE.

FAITES COMME ON A DIT, LES CASTORS !

PLAF

IL ARRIVE !

PLONGEZ !

CACHONS-NOUS VITE !

42

EN PLEIN FRONT !

TOK

!!
À TOI, MAIN-TENANT !
!?
ON M'A PIÉGÉ ! QUI ? MAIS QUI ?
43

PAF
AW!
EEEH
PLOF
44
YAKARI ! TOUJOURS TOI ?!
HA! HA! HA!

EH OUI ! ET TANT QUE TU FERAS DU MAL À UN DE MES AMIS ANIMAUX...
...TU AURAS AFFAIRE À MOI !
RÉPÈTE UN PEU ...
BLAAAT !
EUH ...
BON DÉBARRAS !
45

AINSI FIT YAKARI.

DERIB + JOB **FIN** 10 I 12